# BEI GRIN MACHT SICH IHR WISSEN BEZAHLT

- Wir veröffentlichen Ihre Hausarbeit, Bachelor- und Masterarbeit

- Ihr eigenes eBook und Buch - weltweit in allen wichtigen Shops

- Verdienen Sie an jedem Verkauf

Jetzt bei www.GRIN.com hochladen und kostenlos publizieren

Lija Grauberger

# Anpassung der Richtlinie 96/53/EG: Ordentliches Gesetzgebungsverfahren und die Rolle des Verkehrsausschusses

GRIN Verlag

**Bibliografische Information der Deutschen Nationalbibliothek:**

Die Deutsche Bibliothek verzeichnet diese Publikation in der Deutschen Nationalbibliografie; detaillierte bibliografische Daten sind im Internet über http://dnb.d-nb.de/ abrufbar.

Dieses Werk sowie alle darin enthaltenen einzelnen Beiträge und Abbildungen sind urheberrechtlich geschützt. Jede Verwertung, die nicht ausdrücklich vom Urheberrechtsschutz zugelassen ist, bedarf der vorherigen Zustimmung des Verlages. Das gilt insbesondere für Vervielfältigungen, Bearbeitungen, Übersetzungen, Mikroverfilmungen, Auswertungen durch Datenbanken und für die Einspeicherung und Verarbeitung in elektronische Systeme. Alle Rechte, auch die des auszugsweisen Nachdrucks, der fotomechanischen Wiedergabe (einschließlich Mikrokopie) sowie der Auswertung durch Datenbanken oder ähnliche Einrichtungen, vorbehalten.

**Impressum:**

Copyright © 2012 GRIN Verlag GmbH
Druck und Bindung: Books on Demand GmbH, Norderstedt Germany
ISBN: 978-3-656-34836-8

**Dieses Buch bei GRIN:**

http://www.grin.com/de/e-book/207417/anpassung-der-richtlinie-96-53-eg-ordentliches-gesetzgebungsverfahren

**GRIN - Your knowledge has value**

Der GRIN Verlag publiziert seit 1998 wissenschaftliche Arbeiten von Studenten, Hochschullehrern und anderen Akademikern als eBook und gedrucktes Buch. Die Verlagswebsite www.grin.com ist die ideale Plattform zur Veröffentlichung von Hausarbeiten, Abschlussarbeiten, wissenschaftlichen Aufsätzen, Dissertationen und Fachbüchern.

**Besuchen Sie uns im Internet:**

http://www.grin.com/

http://www.facebook.com/grincom

http://www.twitter.com/grin_com

Westfälische Hochschule
Gelsenkirchen, Bocholt, Recklinghausen
Campus Recklinghausen
Fachbereich Wirtschaftsrecht

**Seminararbeit im Rahmen des**
„Jean Monnet Europarechts Zertifikats"

SS 2012

**Thema:**

**„Anpassung der Richtlinie 96/53/EG:
Ordentliches Gesetzgebungsverfahren und die Rolle des Verkehrsausschusses"**

Vorgelegt von:

Lija Grauberger

# Inhaltsverzeichnis

|  | Seite |
|---|---|
| Inhaltsverzeichnis | II-III |
| Abkürzungsverzeichnis | IV |
| **A. Ziel der Seminararbeit** | **1-2** |
| **B. Das institutionelle System der Europäischen Union** | **2-6** |
| 1. Das Europäische Parlament | 3-4 |
| 2. Der Rat der Europäischen Union | 4-5 |
| 3. Die Europäische Kommission | 5-6 |
| **C. Das Rechtsetzungsverfahren in der EU** | **6-10** |
| 1. Das besondere Gesetzgebungsverfahren | 7-8 |
| 2. Das ordentliche Gesetzgebungsverfahren | 8-10 |
| a) Erste Lesung | 8 |
| b) Zweite Lesung des Europäischen Parlaments | 9 |
| c) Zweite Lesung des Europäischen Rates | 9-10 |
| d) Der Vermittlungsausschuss | 10 |
| e) Dritte Lesung | 10 |
| **D. Die Rolle des Verkehrsauschusses (TRAN)** | **11-12** |
| 1. Zusammensetzung des Verkehrsausschusses | 11 |
| 2. Die Arbeit in dem Verkehrsausschuss | 12 |
| **E. Fallbeispiel: Bezug auf die Richtlinie 96/53 EG** | **12-15** |
| 1. Die Rolle des jüngsten Briefes vom 13.06.2012 des Vizepräsidenten der Europäischen Kommission Herrn Kallas | 13-14 |
| 2. Auswirkungen auf das ordentliche Gesetzgebungsverfahren und die Neuinterpretation der Richtlinie 96/53 | 14-15 |

**F. Fazit** **15-16**

Literaturverzeichnis V-VI

# Abkürzungsverzeichnis

| | |
|---|---|
| AEUV | Vertrag über die Arbeitsweise der Europäischen Union |
| Art. | Artikel |
| EP | Europäisches Parlament |
| EU | Europäische Union |
| EUV | Vertrag über die Europäische Union |
| ff. | und die folgenden |
| Gem. | Gemäß |
| Insb. | insbesondere |
| i.v.m. | in Verbindung mit |
| Mio. | Millionen |
| Mind. | mindestens |
| MS | Mitgliedstaat |
| o. | oder |
| RiLi | Richtlinie |
| u. | und |

## A. Ziel der Seminararbeit

Im Zuge der schnell fortschreitenden Globalisierung wächst die Europäische Union zu einem großen Staatenverbund zusammen. Einige der wichtigsten Ziele der EU sind die Sicherung des Friedens, der Stabilität und des wirtschaftlichen Wachstums.[1] Seit der Schaffung des Binnenmarktes (1993) ist die Europäische Union ein Raum ohne Grenzen; Zölle und Kontrollen in der gesamten EU wurden aufgehoben, dies dient der Förderung und Unterstützung des innergemeinschaftlichen Handels.

Heute zählt die EU mit rund 500 Mio. Einwohnern[2] zu einer der bedeutendsten Welthandelsmächte. Es gibt zahlreiche gemeinsame gesetzliche Vorschriften, die jeder Mitgliedstaat ausführen und wahren muss, deshalb ist es für jeden Bürger wichtig, sich mit dem Konstrukt der Europäischen Union zu befassen, seine Funktionsweisen zu kennen und zu verstehen. Zu den wichtigsten Quellen des Unionsrechts gehören das Primärrecht, welches aus den Gründungsverträgen und zwar dem EUV und AEUV besteht, und das Sekundärrecht, bestehend aus Verordnungen, Richtlinien, Beschlüssen, Empfehlungen und Stellungnahmen.[3] Im Folgenden werden der Erlass und das Inkrafttreten sowie die Änderung einer Richtlinie näher untersucht. Der Grund dafür ist die Richtlinie 96/53/EG des Rates vom 25. Juli 1996, diese regelt die Maße und Gewichte von LKW und untersagt Fahrten mit überlangen und schweren LKW. Seit Anfang 2012 gibt es sehr unterschiedliche Diskussionen über diese Richtlinie. Die Organe der Europäischen Union insbes. das EU-Parlament und die EU-Kommission sind sich darüber nicht einig, ob das „modulare Konzept" bzw. die überlangen LKW in der gesamten Europäischen Union gem. der Richtlinie 96/53 eingesetzt werden können.

Zur besseren Verständnisweise des ordentlichen Gesetzgebungsverfahrens wird zunächst das institutionelle System der Europäischen Union vorgestellt. Im weiteren Verlauf soll diese Seminararbeit einen Überblick über die wichtigsten Organe, die im europäischen Rechtsetzungsprozess beteiligt sind, das EU-Parlament, den Rat der Europäischen Union und die

---

[1] Vgl. Europäische Kommission, Fakten über Europäer, 2005, S. 45.
[2] Vgl. Europäische Kommission, Fakten über Europäer, 2005, S. 9.
[3] Vgl. Doerfert, Carsten, 2010, S. 45-50.

EU- Kommission, auch als „Hüterin der Verträge" bezeichnet, geben. Im Hauptteil werden die verschiedenen Rechtssetzungsverfahren der EU, insbes. das ordentliche Gesetzgebungsverfahren sowie die Rolle des Verkehrsausschusses in diesem Verfahren näher erläutert. Im letzten Teil der Seminararbeit wird der Zusammenhang des ordentlichen Gesetzgebungsverfahrens praktisch anhand des Fallbeispiels zur RiLi 96/53/ EG dargestellt und erläutert.

Im Vordergrund dieser Arbeit soll ein Grundriss über das ordentliche Gesetzgebungsverfahren der EU, sowie die Rolle der EU-Organe in diesem Prozess stehen und erläutert werden.

### B. Das institutionelle System der Europäischen Union

Um zu verstehen, wie das Rechtsetzungsverfahren in der Europäischen Union funktioniert und welche Organe daran beteiligt sind, ist es wichtig, sich zunächst einmal mit dem institutionellen System der EU sowie der Rolle der Organe zu befassen.

Die Europäische Union hat gem. Art. 47 EUV ihre Rechtspersönlichkeit durch den Vertrag von Lissabon erlangt, vor dem Vertrag von Lissabon hatte sie diese nicht. Danach kann die EU als Einheit nach außen auftreten und handeln. In diesem Rahmen kann die EU völkerrechtlich bindende Verträge abschließen und internationalen Organisationen beitreten.[4] Gemäß Art. 13 EUV besitzt die Europäische Union einen institutionellen Rahmen, dieser konkretisiert den Grundsatz der Einheitlichkeit, d.h. die Mitgliedsstaaten sind bereit, durch gemeinsame Organe zu handeln. Die Organe der EU sind in Art. 13 Abs. 1 abschließend aufgezählt (EU-Parlament, EU-Kommission, EU-Rat etc.). Diese dürfen gem. Art. 13 Abs. 2 EUV nur im Rahmen der Verträge (AEUV und EUV) tätig werden, d.h. für das Handeln der einzelnen Organe muss es zunächst eine Handlungsgrundlage entweder im EUV oder im AEUV geben.[5]

---

[4] Vgl. Kunzmann, Bernd, 2011, S. 12.
[5] Vgl. Arndt u.a., 2010, S. 19.

## 1. Das Europäische Parlament

Das Europäische Parlament hat seinen Sitz in Straßburg und einen weiteren Tagungsort in Brüssel sowie in Luxemburg. Alle fünf Jahre wird das EP in unmittelbaren und allgemeinen Wahlen von den Bürgern der Europäischen Union gewählt. Das EP besteht aus den Vertretern der EU-Bürger, weiteren 14 Vizepräsidenten und dem Präsidenten Herrn Martin Schulz, dieser kommt aus Deutschland und hat sein Amt am 17.01.2012 aufgenommen. Gemäß Art. 14 EUV wurde die Zahl der Mitglieder des Parlaments auf 750 Abgeordnete plus dem Präsidenten festgelegt. Die Verteilung der Sitze auf die MS muss gem. Art. 14 Abs. 2 EUV „degressiv proportional" erfolgen, dadurch werden die kleinen Länder wie z.b. Malta besser gestellt, als es der rechnerisch demographischen Größe entsprechen würde. Vorübergehend hat das EP 754 Abgeordnete, dies kommt dadurch zustande, dass Deutschland seit dem Lissabon-Vertrag einige Sitze abgeben musste. Da die letzten EP-Wahlen jedoch im Jahr 2009 stattgefunden haben und zu diesem Zeitpunkt der alte Vertrag von Nizza galt, wurden 99 deutsche Abgeordnete gewählt, diese Zahl darf auf Beschluss des Europäischen Rates bis zu den neuen Wahlen 2014 beibehalten werden.[6]

Die Abgeordneten des EU-Parlaments werden in sieben unterschiedliche Fraktionen eingeteilt, die Aufteilung erfolgt nicht nach Staatsangehörigkeit, sondern nach dem politischen Interesse. Damit eine Fraktion überhaupt gegründet werden kann, müssen sich mind. 25 Abgeordnete in derselben Fraktion zusammenfinden.[7]

Zu den Aufgaben des Europäischen Parlaments gehören die Gesetzgebungskompetenz, die Wahl des Kommissionspräsidenten sowie die Festlegung des jährlichen Haushaltsplans für die EU; bei der Festlegung des Haushaltsplans arbeitet das EP zusammen mit dem Ministerrat. Gemäß der Gesetzgebungskompetenz des EU-Parlaments kann dieses die EU-Kommission dazu auffordern, einen neuen Vorschlag für ein Gesetz oder eine Richtlinie zu unterbreiten. Das EU-Parlament entscheidet dann zusammen mit dem Ministerrat in mehreren Lesungen, ob ein Gesetz oder eine Richtlinie erlassen werden können.[8] Des Weiteren besitzt das EU-Parlament ein Kontrollrecht

---

[6] Vgl. Doerfert, Carsten, 2010, S. 31.
[7] Vgl. Doerfert, Carsten, 2010, S. 32-33.
[8] Vgl. Kunzmann, Bernd, 2011, S. 13.

gegenüber der Kommission. Gemäß Art. 17 EUV wird der Präsident der EU-Kommission vom EP gewählt und gem. Art. 17 Abs. 7 EUV muss sich das gesamte Kollegium der Kommission einem Zustimmungsvotum des Parlaments stellen.[9] Durch derartige Kontrollen soll die demokratische Arbeitsweise aller EU-Organe sichergestellt werden.

## 2. Der Rat der Europäischen Union

Der Rat der Europäischen Union wird auch als Ministerrat bezeichnet. Der Sitz des Ministerrats ist in Brüssel, teilweise tagt der Rat in Luxemburg und zwar nur in den Monaten April, Juni und Oktober. Der Rat setzt sich aus 27 Fachministern zusammen, jeder Minister ist für einen anderen Bereich verantwortlich, hierfür schickt jeder Mitgliedsstaat den verantwortlichen Minister. Zum Beispiel agiert in Bezug auf Umweltfragen der Umweltminister und im Bereich des Verkehrswesens der Verkehrsminister.[10]

Die Ratspräsidentschaft rotiert halbjährlich in einer festgelegten Reihenfolge. Von Januar bis Juni 2012 hatte Dänemark den Vorsitz im Ministerrat und ab Juli bis Dezember 2012 hat Zypern den Vorsitz.[11] Die Aufgaben des Ministerrats sind im Art. 16 EUV und im Art. 237 ff. AEUV beschrieben. Zu den wichtigsten Aufgaben gehören die Gesetzgebungsbefugnis und die Genehmigung des Haushaltsplans, in beiden Angelegenheiten arbeitet der Ministerrat zusammen mit dem EU-Parlament gem. Art. 16 Abs. 1 EUV. Gemäß Art. 18 AEUV spielt der Ministerrat zusammen mit der EU-Kommission und dem EU-Parlament eine wichtige Rolle beim Abschluss internationaler Abkommen.[12]

Grundsätzlich erfolgt die Beschlussfassung im Ministerrat gem. Art. 16 Abs. 2 u. 3 EUV mit einer qualifizierten Mehrheit, soweit die Verträge (EUV und AEUV) nichts anderes vorschreiben. In einer immer größer werdenden Europäischen Union führt die qualifizierte Mehrheit zu einer schnelleren Entscheidungsfindung. Ferner ist es möglich, Entscheidungen mit einer einfachen Mehrheit zu treffen, dies erfolgt je nach Thematik und bedarf mind. 14 Stimmen der insgesamt

---

[9] Vgl. Doerfert, Carsten, 2010, S. 34.
[10] Vgl. Doerfert, Carsten, 2010, S. 20.
[11] Vgl. Die Bundesregierung, Europa, Rat der Europäischen Union (EU-Ministerrat).
[12] Vgl. Doerfert, Carsten, 2010, S. 22.

27 Mitgliedsstaaten. Die Anwendung einer qualifizierten Mehrheit wird im ordentlichen Gesetzgebungsverfahren festgesetzt, dies betrifft Bereiche wie Umwelt- oder Forschungspolitik sowie das Verkehrswesen.[13] Mit dem Inkrafttreten des Vertrages von Lissabon am 01.12.2009 wurde eine doppelte Mehrheit im Rat eingeführt. Für einen Mehrheitsbeschluss sind danach mind. 55 % der Mitgliedsstaaten, die mind. 65 % der Bevölkerung in Europa repräsentieren, erforderlich. Staaten mit einer hohen Bevölkerungsanzahl wie z.b. Deutschland haben mehr Stimmen als Staaten mit einer kleinen Größe und somit einer geringen Bevölkerungszahl wie z.b. Malta. Die Sperrminorität ermöglicht es, den Beschluss des Rates hinauszuzögern, dazu sind mind. 4 Mitgliedsstaaten erforderlich. Darüber hinaus besteht noch gem. Art. 238 Abs. 2 AEUV die Möglichkeit, eine Mehrheit von 72 %, die mind. 65 % der Bevölkerung in Europa repräsentieren, zu bilden. Das ist nur dann der Fall, wenn der Ministerrat nicht auf Vorschlag der Kommission oder des Hohen Vertreters der Union etwas beschließt. Diese Prozentzahlen der qualifizierten Mehrheit werden jedoch erst ab dem 31.10.2014 eingeführt und bis dahin gilt noch die alte Regelung aus dem Vertrag von Nizza. Danach müssen 255 von 345 Stimmen einem Kommissionsvorschlag zustimmen, eine Prüfung, ob die Ratsmitglieder tatsächlich 62 % der Bevölkerung repräsentieren, ist auf Antrag möglich, jedoch nicht zwingend notwendig.[14]

### 3. Die Europäische Kommission

Die Europäische Kommission ist das ausführende Zentralorgan der EU und hat ihren Hauptsitz in Brüssel. Die EU-Kommission besteht aus 27 Kommissaren, diese werden auch als „das Kollegium" beteiligt, einschließlich des Präsidenten (Manuel Barosso) und der Hohen Vertreterin für Außen- und Sicherheitspolitik (Cathrine Ashton); sie ist zuständig für die Förderung des Friedens, Bekämpfung der Armut und des Terrorismus[15]. Ab dem 01.11.2014 ist eine Reduzierung der Kommissare von 27 auf 18 Mitglieder vorgesehen. Wenn sich die Europäische Union erweitert, wird die Zahl der Kommissare von 18 auf 19 erhöht. Der Europäische Rat wählt die Kommissare nach dem Rotationsprizip, danach dürfen die Mitglieder, die derselben Nationalität angehören, nur einmal in der Kommission vertreten werden. Wichtig ist, dass alle Mitgliedsstaaten gleich behandelt werden, daher soll sich die EU-Kommission gem. Art. 17 Abs.

---
[13] Vgl. Doerfert, Carsten, 2010, S. 22-23.
[14] Vgl. Hobe, Stephan, 2011, S. 62.
[15] Vgl. Frenz, Walter, 2010, S. 334.

5 Satz 1 EUV i.v.m. Art. 244 AUEV so zusammensetzen, dass die demographische und geografische Struktur der EU abgedeckt sind.

Die wichtigste Aufgabe der EU-Kommission ist die Überwachung der europäischen Rechtvorschriften, aus diesem Grund wird die EU-Kommission auch als „Hüterin der Verträge" bezeichnet. Bei Verstößen gegen EU-Gesetze (EUV, AEUV) oder Richtlinien sowie Verordnungen kann die Kommission gem. Art. 258 AEUV ein Vertragsverletzungsverfahren beim Europäischen Gerichtshof einleiten. Darüber hinaus besitzt die EU-Kommission das Initiativrecht, nach welchem sie befugt ist, Gesetze vorzuschlagen, die Gesetze werden dann vom EU-Parlament und dem Rat erlassen. Gesetze, Richtlinien und Verordnungen werden unter der Beachtung des Subsidiaritätsprinzips erlassen, danach macht die EU-Kommission nur dann Vorschläge für neue Gesetze, wenn ein Mitgliedsstaat die Probleme nicht auf nationaler oder regionaler Ebene lösen kann.[16]

Gem. Art. 250 AEUV werden die Beschlüsse mit einer Mehrheit der Kommissare gefasst. Zur Zeit sind nach dem Mehrheitsprinzip 14 von 27 Stimmen erforderlich. Ferner ist es möglich, in einer nicht öffentlichen Sitzung einen schriftlichen Beschluss zu fassen. Dazu wird den Kommissionsmitgliedern ein schriftlicher Vorschlag vorgelegt; Wenn innerhalb einer bestimmten Frist keine Gegenstimmen seitens des Kollegiums kommen, dann gilt der vorgelegte schriftliche Vorschlag als genehmigt.[17]

## C. Das Rechtsetzungsverfahren in der EU

Das institutionelle Dreieck, bestehend aus der EU-Kommission, dem EU-Parlament und dem Ministerrat, ist für die Gesetzgebung in der Europäischen Union zuständig. Die EU-Kommission unterbreitet dem EU- Parlament und dem Ministerrat Gesetzesvorschläge. Diese entscheiden dann entweder in einem besonderen oder einem ordentlichen Rechtsetzungsverfahren, ob das vorgeschlagene Gesetz erlassen wird oder nicht. Welches Verfahren zur Anwendung kommt,

---

[16] Vgl. Doerfert, Carsten, 2010, S. 29-30.
[17] Vgl. Doerfert, Carsten, 2010, S. 30.

hängt von dem zu behandelnden Politikbereich ab, jedoch wird gem. den Verträgen der EU (EUV und AEUV) in den meisten Fällen das ordentliche Gesetzgebungsverfahren angewendet. Vor dem Inkrafttreten des Vertrages von Lissabon (01.12.2009) hieß das zur Zeit geltende ordentliche Gesetzgebungsverfahren „Mitentscheidungsverfahren", dieses wurde lediglich umbenannt, das Prozedere hat sich nicht geändert.[18]

## 1. Das besondere Rechtsetzungsverfahren

Das besondere Rechtsetzungsverfahren gem. Art. 289 Abs.2 AEUV wird in bestimmten Fällen, die in den Verträgen über die EU vorgesehen sind, angewendet. Dazu gehören z.B. steuerrechtliche Umweltschutzmaßnahmen, Forschungs- und Entwicklungsprogramme sowie die soziale Sicherheit und Schutz der Arbeitnehmer/innen. Zu den wichtigsten Verfahren des besonderen Rechtsetzungsverfahrens gehören das Anhörungsverfahren und das Zustimmungsverfahren. Bei beiden Verfahren sind der Rat und das EU-Parlament nicht gleichberechtigt, einen Gesetzesvorschlag zu erlassen, das EU-Parlament hat eine schwächere Position.[19]

Das Anhörungsverfahren ist das älteste Rechtsetzungsverfahren der Europäischen Union. Die EU-Kommission übermittelt einen Gesetzesentwurf an den Ministerrat, dieser konsultiert das EU-Parlament und bittet dieses um eine Stellungnahme. Das EU-Parlament kann für den Gesetzesentwurf der EU-Kommission Änderungen ausarbeiten, der Ministerrat muss diese jedoch nicht akzeptieren. In manchen Politikbereichen muss der Ministerrat das EP nicht um eine Stellungnahme bitten, dies wird aber grundsätzlich gemacht.[20] Die Anwendung des Anhörungsverfahren findet z.B. für Wettbewerbsregeln gem. Art. 103 AEUV oder im Bereich des Steuerrechts gem. Art. 113 AEUV statt.

Das Zusammenarbeitsverfahren ist die zweite Variante im besonderen Rechtsetzungsverfahren und kommt nur recht selten zur Anwendung. Im Zusammenarbeitsverfahren ist der Ministerrat verpflichtet, die Zustimmung des EU-Parlaments zum zu erlassenden Rechtsakt einzuholen. Das

---

[18] Vgl. Hobe, Stephan, 2011, S. 100.
[19] Vgl. Hobe, Stephan 2011, S. 99-100.
[20] Vgl. Europäisches Parlament – Informationsbüro Deutschland.

EU-Parlament ist jedoch nicht dazu berechtigt Änderungsvorschläge zu machen. Fälle in denen das Zustimmungsverfahren angewendet wird sind z.b. der Austritt eines Mitgliedstaats aus der Europäischen Union gem. Art. 50 Abs. 2 AEUV oder beim Abschluss von diversen internationalen Abkommen gem. Art. 216 Abs. 6 AEUV.[21]

## 2. Das ordentliche Rechtsetzungsverfahren

Das ordentliche Gesetzgebungsverfahren ist sehr aufwendig, es kann bis zu drei Lesungen und die Bildung eines Vermittlungsausschusses umfassen. Der Gesetzesentwurf, zu dem nur die EU-Kommission berechtigt ist, kann vom EU-Parlament zusammen mit dem Ministerrat angenommen oder verworfen werden. Das Verfahren wird eröffnet, indem die EU-Kommission einen Vorschlag für einen Rechtsakt ausarbeitet z.b. für eine Richtlinie; diesen Vorschlag übermittelt sie dann an das EU-Parlament und an den Ministerrat.

### a) Erste Lesung

Die EU-Kommission übermittelt im Rahmen ihres Initiativrechts einen Vorschlag z.B. für den Erlass einer Verkehrsrichtlinie an das EU-Parlament und an den Ministerrat. Das EU-Parlament legt einen Standpunkt zum Gesetzesvorschlag der EU-Kommission fest und übermittelt diesen an den Rat. Der Rat hat zwei Möglichkeiten zu handeln entweder ist er mit dem Standpunkt des Parlaments zufrieden und nimmt diesen an, dann muss der Rechtsakt (die Richtlinie) durch die qualifizierte Mehrheit des Ministerrats gebilligt werden und das Gesetz wird erlassen. Die zweite Reaktionsmöglichkeit des Rats ist. Dann dass dieser aus bestimmten Gründen den Standpunkt des EU-Parlaments nicht annimmt bzw. ablehnt oder anderer Meinung als die EU-Kommission ist, so formuliert der Rat einen eigenen Standpunkt bzw. nimmt Änderungen an dem Standpunkt des Parlaments vor. Der Änderungsvorschlag des Ministerrats wird dann an das EU-Parlament übermittelt und die EU-Kommission wird darüber unterrichtet. Damit schließt die erste Lesung und das Ergebnis ist entweder positiv, d.h. ein Rechtsakt wird erlassen, oder es geht in die zweite Lesung über.[22]

---

[21] Vgl. Hobe, Stephan, 2011, S. 101.
[22] Vgl. Generalsekretariat des Rates, 2010, S. 6.

**b) Zweite Lesung des Europäischen Parlaments**

Nachdem der Ministerrat einen neuen Standpunkt formuliert und dem EU-Parlament übermittelt hat, ist die zweite Lesung eröffnet. Dem EU-Parlament stehen drei Möglichkeiten für eine Handlung zur Verfügung. Das EU-Parlament kann innerhalb einer Frist von drei Monaten zum Standpunkt des Rates Stellung nehmen. Ein Rechtsakt kommt entweder dann zustande, wenn das EU-Parlament mit dem in erster Lesung festgelegten Standpunkt des Rates einverstanden ist. Wenn das EP die Frist verstreichen lässt und äußert sich nicht äußert, dann gilt ein Rechtsakt ebenfalls als erlassen. Die Frist von drei Monaten kann auf Initiative beider Instutionen (EP und Rat) um einen Monat verlängert werden.

Die zweite Möglichkeit des EU-Parlaments, auf den Standpunkt des EU-Rates zu reagieren, kann in Form einer Ablehnung des Standpunktes liegen, dafür ist eine Mehrheit im EP erforderlich. Wenn das EU-Parlament mit dem Standpunkt des EU-Rates nicht einverstanden ist und diesen nicht annimmt, gilt der Gesetzentwurf als gescheitert und das gesamte Verfahren ist beendet. Die Kommission kann dann einen neuen Vorschlag machen und das Verfahren beginnt von Neuem (siehe erste Lesung).

Die Dritte Reaktionsmöglichkeit des EU-Parlaments liegt in der Abänderung des vom Rat vorgeschlagenen Standpunkts, hierfür ist die Mehrheit seiner Mitglieder erforderlich. Der geänderte Standpunkt wird anschließend dem Rat und der Kommission zugeleitet. Zu diesem Änderungsvorschlag muss die Kommission Stellung nehmen.

**c) Zweite Lesung des Europäischen Rates**

Auch der Rat hat in der zweiten Lesung mehrere Möglichkeiten, auf den Abänderungsvorschlag des EU-Parlaments zu reagieren. Der Rat kann dem Standpunkt des EP innerhalb von drei Monaten zustimmen. Wenn der Vorschlag eine qualifizierte Mehrheit findet, dann wird ein Rechtsakt erlassen. Billigt der Rat die Änderungen des EU-Parlaments nicht oder fasst innerhalb von drei Monaten keinen Beschluss, so wird ein Vermittlungsausschuss gebildet. Der

Vermittlungsausschuss wird innerhalb von 6 Wochen einberufen, dazu ist das Einverständnis der beiden Präsidenten (EU-Parlament und Rat) erforderlich.[23]

#### d) Der Vermittlungsausschuss

Der Vermittlungsausschuss besteht gem. Art. 294 Abs. 10-12 AEUV aus den Mitgliedern des Rates und des EU-Parlaments, die jeweils in der gleichen Anzahl vertreten sind. Die EU-Kommission nimmt an dem Vermittlungsausschuss auch teil, ihre Rolle liegt jedoch darin, eine Annäherung der verschiedenen Positionen herbeizuführen. In diesem Ausschuss soll vor allem die Einigung über einen gemeinsamen Entwurf erzielt werden. Für eine Abstimmung ist jeweils eine qualifizierte Mehrheit der Ratsmitglieder und eine einfache Mehrheit der EU-Parlamentsmitglieder erforderlich. Wenn kein gemeinsamer Entwurf erzielt wird, dann gilt ein Rechtsakt als gescheitert und kann nicht erlassen werden. Wenn es doch noch zum gemeinsamen Gesetzesentwurf kommt und zwar innerhalb der Frist von sechs Wochen, geht das Verfahren in die dritte Lesung über.

#### e) Dritte Lesung

In der dritten Lesung erfolgt eine Abstimmung über den Gesetzesentwurf, welcher im Vermittlungsausschuss erarbeitet wurde. Diesem Entwurf müssen das EP mit einer absoluten und der Ministerrat mit einer qualifizierten Mehrheit zustimmen. Wird von den beiden Institutionen ein Konsens erzielt, gilt ein Rechtsakt als erlassen. Wenn aber kein Konsens zustande kommt oder eines der beiden Organe keinen Beschluss innerhalb einer Frist von sechs Wochen fasst, gilt der Rechtsakt als gescheitert und das Verfahren ist damit beendet.[24]

---

[23] Vgl. Generalsekretariat des Rates, 2010, S. 11.
[24] Vgl. Generalsekretariat des Rates, 2010, S. 15.

## D. Die Rolle des Verkehrsausschusses (TRAN)

Beim EU-Parlament sind 20 ständige Ausschüsse vertreten, einer der ständigen Ausschüsse ist der Ausschuss für Verkehr und Fremdenverkehr, auch TRAN genannt. Darüber hinaus besteht noch die Möglichkeit zur Bildung von Untersuchungsausschüssen oder von nichtständigen Ausschüssen z.b. für den Klimawandel oder die Wirtschaftskrise. In den Ausschüssen spezialisieren sich Abgeordnete aus verschiedenen Fraktionen in bestimmten Themenbereichen wie z.b. dem Verkehr, um diese fachkundig behandeln zu können.

### 1. Zusammensetzung des Verkehrsausschusses

Der Verkehr stellt einen festen Bestandteil unserer Gesellschaft dar, er ist wichtig für den Transport von Waren und die Beförderung der Menschen. Der Ausschuss für den Verkehr und Fremdenverkehr (TRAN) beschäftigt sich mit dem Eisenbahn- und Straßenverkehr, mit Binnen- und Seeschifffahrt sowie mit der Luftfahrt. Diese Bereiche umfassen die Regelung europaweiter Verkehrsregeln, den Ausbau transeuropäischer Verkehrsnetze und die Beziehungen zu internationalen Verkehrsorganisationen. Zu weiteren Tätigkeitsbereichen des Verkehrsausschusses gehören die Erhöhung der Verkehrssicherheit, Verbesserung der Mobilität und die Harmonisierung diverser Regeln.[25]

Die verschiedenen Ausschüsse bilden den Ort der politischen Meinungsbildung und haben eine Größe von ca. 30-80 Mitgliedern, diese werden alle zweieinhalb Jahre neu gewählt. Zusätzlich wird eine gleich große Anzahl an stellvertretenden Mitgliedern bestimmt. In den jeweiligen Ausschüssen des EU-Parlaments werden jeweils ein Ausschussvorsitzender sowie mehrere stellvertretende Vorsitzende ernannt. Der Vorsitzende des Verkehrsausschusses ist zur Zeit der Brite Brian Simpson.

---

[25] Vgl. Europäisches Parlament/ Ausschüsse.

## 2. Die Arbeit in dem Verkehrsausschuss

Wie in Kapitel C bereits beschrieben, kann das EU-Parlament zum Gesetzesvorschlag der EU-Kommission einen Änderungsvorschlag einbringen. Im Ausschuss für Verkehr und Fremdenverkehr (TRAN) wird ein Bericht zum neuen Gesetzesvorschlag verfasst, das Plenum entscheidet im späteren Verlauf auf der Grundlage dieses Berichts. Die Vergabe der Berichte in den Ausschüssen erfolgt nach einem Punktesystem. Danach wird zunächst ein Berichterstatter ernannt, dieser muss einen Bericht, aus dem die Stellungnahme des Parlaments deutlich wird, verfassen. Zu diesem Bericht kann jeder Abgeordnete im EU-Parlament seinen Änderungsvorschlag einbringen, über alle Änderungsvorschläge wird im späteren Verlauf abgestimmt.

In den meisten Fällen ernennen die übrigen Fraktionen im Verkehrsausschuss einen weiteren Berichterstatter, dieser muss das Thema für seine Fraktion vorbereiten. Um anschließend zu einer Entscheidungsfindung im Ausschuss zu kommen, wird über das Thema abgestimmt. Im letzten Schritt wird der Bericht dem Plenum zur Abstimmung vorgelegt, bei dieser Abstimmung können die einzelnen Fraktionen erneut Änderungsvorschläge einbringen.[26]

## E. Fallbeispiel: Bezug auf die Richtlinie 96/53 EG

Anfang des Jahres 2012 kam es zwischen dem EU-Parlament und dem Vizepräsidenten der EU-Kommission Herrn Siim Kallas zu ungemütlichen Gesprächen über die Richtlinie 96/53. Diese Richtlinie regelt die Maße und Gewichte von LKW. Es wird kritisiert, dass Herr Kallas eigenmächtig eine Neuinterpretation der Richtlinie 96/53 vorgenommen hat, danach sei es erlaubt, das modulare Konzept im grenzüberschreitenden Verkehr einzusetzen. Die Abgeordneten im EU-Parlament kritisieren die Äußerung von Herrn Kallas, weil weder das EU-Parlament noch der EU-Rat darüber informiert wurden. Gemäß dem ordentlichen Gesetzgebungsverfahren müssen erst das EU-Parlament und der EU-Rat über einen Gesetzesvorschlag einer neuen

---

[26] Vgl. Heyer, Axel, Die Arbeit in den EP-Ausschüssen.

Richtlinie oder eine Änderung der bestehenden Richtlinie informiert werden, dies hat der Vizepräsident Kallas nicht gemacht. Stattdessen haben das EU-Parlament sowie der EU-Rat aus den Medien erfahren, dass Herr Kallas sich auf den Artikel 4 der RiLi 96/53 bezogen sowie behauptet hat, dass das modulare Konzept im grenzüberschreitenden Verkehr erlaubt sei, man müsse den Artikel 4 der RiLi nur genau lesen bzw. auslegen. Damit liegt ein weiterer Rechtsbruch vor, denn die EU-Kommission hat keine Befugnisse, Richtlinien neu zu interpretieren, dazu ist nur der Europäische Gerichtshof befugt.[27] Daraufhin hat Herr Kallas seine Stellungnahme erst einmal zurückgenommen. Die Lobby sowie die EU-Organe haben Herrn Kallas aufgefordert eine neue Stellungnahme zu der RiLi 96/53 abzugeben. Dieser Pflicht ist Herr Kallas in seinem jüngsten Brief an Herr Simpson am 13. Juni 2012 ordnungsgemäß nachgekommen.

**1. Die Rolle des jüngsten Briefes vom 13.06.2012 des Vizepräsidenten der Europäischen Kommission Herrn Kallas**

In dem Brief an den Vorsitzenden des Verkehrsausschusses Herrn Brian Simpson hat Herr Kallas eine Stellungnahme zu der Richtlinie 96/53 abgegeben. Direkt am Anfang hat Herr Kallas betont, dass es ihm bewusst sei, dass nur der Europäische Gerichtshof die EU-Gesetze auslegen bzw. neu interpretieren darf. Herr Kallas bezieht sich weiterhin auf die erste Richtlinie 85/3, diese beseitigte internationale Hemmnisse auf dem Markt, wonach die Spediteure den grenzüberschreitenden Verkehr nutzen können, wenn die Maße und das Gewicht des Fahrzeugs dies erlaubten. Er bezieht sich auf den Artikel 4 Abs. 3 der Richtlinie 96/53, danach können beliebig schwere LKW durch die Gegend fahren, aber nur mit einer Ausnahmegenehmigung. Art. 4 Abs. 4 der RiLi 96/53 stellt eine Ausnahme zu Art. 4 Abs. 1 der RiLi, diese beschreibt nur die Maße und das Gewicht der LKW, die im innerstaatlichem Verkehr eingesetzt werden können. Gemäß dem Brief von Herrn Kallas wird unter innerstaatliche Verkehr die Beförderung von Gütern im Inland verstanden. Ferner schreibt Herr Kallas, dass kein Paragraph der Richtlinie 96/53 den grenzüberschreitenden Verkehr erwähne. Das modulare Konzept könne somit nicht im grenzüberschreitenden Verkehr eingesetzt werden, jedoch bestehe die Möglichkeit, z.B. bis zur Grenze zu fahren, dort die Fahrzeuge von einander abzukoppeln und weiter mit normalen Maßen

---

[27] Vgl. Verkehrsrundschau, das Portal für Spedition, Transport und Logistik.

wie in der RiLi 96/53 erlaubt weiter zu fahren. Herr Kallas ist der Auffassung, dass derartige Umstände sich gegen den Gedanken des Binnenmarktes richten. Der Grundgedanke des Binnenmarktes, welcher 1993 geschaffen wurde, ist der freie Waren- und Güterverkehr, die RiLi 96/53 unterstütze diese Idee keinesfalls und stelle somit ein künstliches Hindernis dar.

Die Länder Schweden und Finnland nutzen das modulare Konzept bereits seit dem Eintritt in die Europäische Union, jedoch nur im nationalen Verkehr. Weiterhin gibt es mehrere Feldversuche z.B. in den Niederlanden, Dänemark und auch in Deutschland; daraus lässt sich schließen, dass die Mitgliedsstaaten nicht gegen die Nutzung des modularen Konzepts sind und diese natürlich auch im grenzüberschreitenden Verkehr nutzen würden. Gem. RiLi 96/53 ist es nicht erlaubt, das modulare Konzept im grenzüberschreitenden Verkehr zu nutzen, weil dies unter anderem den Wettbewerb beinträchtigen könnte.

Abschließend kündigte Herr Kallas an, dass die EU-Kommission am Ende des Jahres 2012 einen Vorschlag zur Überarbeitung der Richtlinie 96/53 einreichen wird. Das Thema der Anwendung des modularen Konzepts im grenzüberschreitenden Verkehr wird nicht separat behandelt, sondern wird nur ein kleiner Teil vieler weiterer Themengebiete wie Aerodynamik und weitere Bereiche, die im Weißbuch beschrieben sind, enthalten.

## 2. Auswirkungen auf das ordentliche Gesetzgebungsverfahren und die Neuinterpretation der Richtlinie 96/53

Wenn die EU-Kommission das nicht einhält, was Herr Kallas bereits in seinem Schreiben vom 13.06.2012 an Herrn Brian Simpson angekündigt hat und zwar die Änderung der Richtlinie 96/53, kann das EU-Parlament gegen die EU-Kommission vorgehen. Ferner ist das EU-Parlament grundsätzlich nicht gegen die Idee des modularen Konzeptes und deren Einsetzung im grenzüberschreitenden Verkehr, vielmehr geht es um das Prozedere bzw. den Rechtsbruch seitens der EU-Kommission.

Eine Möglichkeit ist, das Verfahren auf dem normalen Wege einzuleiten, d.h. die EU-Kommission muss dazu eine Änderung der Richtlinie 96/53 erarbeiten und dem EU-Parlament sowie dem EU-Rat übermitteln. Die beiden Organe müssen die Änderung der Richtlinie im ordentlichen Gesetzgebungsverfahren erlassen. Falls die EU-Kommission jedoch keinen Änderungsentwurf an das EU-Parlament und den EU-Rat übermittelt, können die beiden Organe die EU-Kommission auffordern, dies zu tun, dazu sind nämlich beide Organe befugt. Die letzte Möglichkeit des EU-Parlaments ist, falls die EU-Kommission nicht tätig wird, diese vor dem Europäischen Gerichtshof wegen eines Verfahrensrechtsbruchs zu verklagen.[28]

## F. Fazit

Die Änderung der Richtlinie 96/53 wird in jedem Fall kommen, fraglich bleibt jedoch der Zeitpunkt, wann dies geschehen wird. Herr Kallas hat zwar das Ende des Jahres 2012 angekündigt, aber das kann sich bis zur Mitte des Jahres 2013 hinziehen, weil der Vorschlag der EU-Kommission erst einmal erarbeitet werden, dann dem EU-Parlament und dem EU-Rat vorgelegt werden muss und im Rahmen des ordentlichen Verfahrens erlassen werden kann.

Nicht abzusehen ist es jedoch auf welchem Wege die Änderung bzw. die Neuinterpretation der Richtlinie 96/53 erfolgen wird. Eine Möglichkeit, wie Herr Kallas diese auch in seinem Schreiben angekündigt hat, ist, dass die EU-Kommission von allein tätig wird und zusammen mit anderen Angelegenheiten die Änderung der Richtlinie vorschlagen wird. Wird die EU-Kommission jedoch nicht tätig, dann können das EU-Parlament und der EU-Rat diese dazu auffordern einen Änderungsvorschlag zu der Richtlinie 96/53 zu unterbreiten. Wenn die EU-Kommission, diesem Vorschlag nicht nachkommt, dann kann das EU-Parlament die EU-Kommission vor dem Europäischen Gerichthof verklagen und eine Neuinterpretation der Richtlinie fordern.

Wichtig ist es, dass alle EU-Organe zusammenarbeiten, sich gegenseitig ergänzen und die EU-Gesetze nicht missachten. Die Tatsache, dass die EU-Kommission insbes. der Vizepräsident Kallas, einen Fehler begangen hat, ist nicht außer Acht zulassen. Herr Kallas war nicht befugt, die Richtlinie 96/53 neu zu interpretieren. Obwohl er dies mit guten Absichten gemacht hat,

---

Vgl. Kallas, Siim, Schreiben an Herrn Brian Simpson vom 13.06.2012.

schreiben EU-Gesetze für solche Fälle jedoch ein ordentliches Gesetzgebungsverfahren vor. Gerade der EU-Kommission obliegt die Pflicht, als „Hüterin der Verträge" tätig zu werden und darauf zu achten, dass niemand in der Europäischen Union die EU-Gesetze verletzt. Trotzdem ist dem Vizepräsidenten ein Fehler unterlaufen, dieser kann damit begründet werden, dass Herr Kallas einem starken Druck seitens der dänische Ratspräsidentschaft und der Lobby weiterer interessierter Mitglieder ausgesetzt war. Eine Lösung des entstandenen Problems gibt es zur Zeit noch nicht, jedoch kann man mit dem Vorschlag der EU-Kommission am Ende des Jahres 2012 rechnen.

# Literaturverzeichnis

*Arndt u.a.* — Europarecht, 10 Aufl., Mannheim 2010

*Die Bundesregierung* — Europa, Rat der Europäischen Union (EU-Ministerrat), http://www.bundesregierung.de/Webs/Breg/DE/Themen/Europa/Funktion/eu_ministerrat/_node.html, Stand der Abfrage: 18.07.2012

*Doerfert, Carsten* — Europarecht, Die Grundlagen der Europäischen Union mit ihren politischen und wirtschaftlichen Bezügen, 4. Auflage, Luchterhand 2010

*Europäische Kommission* — Fakten und Zahlen über Europa und Europäer, http://ec.europa.eu/publications/booklets/eu_glance/51/de.pdf, vom Mai 2005, Stand der Abfrage: 17.07.2012

*Europäisches Parlament/ Ausschüsse* — TRAN Verkehr und Fremdenverkehr,

http://www.europarl.europa.eu/committees/de/tran/home.html, Stand der Abfrage: 22.07.2012

*Europäisches Parlament – Informationsbüro für Deutschland* — Die Gesetzgebungsverfahren, Anhörungsverfahren,

http://www.europarl.de/view//parlament/Arbeitsweise/Gesetzgebungsverfahren.html, Stand der Abfrage: 20.07.2012

*Frenz, Walter* — Handbuch Europarecht, 6 Instutionen und Politiken, Aachen 2010

*Generalsekretariat des Rates* — Leitfaden für das ordentliche Gesetzgebungs- verfahren, Luxemburg 2010, http://www.consilium.europa.eu/uedocs/cmsUpload/QC3109179DEC.pdf, Stand der Abfrage: 20.07.2012

*Heyer, Axel* — Das Dschungelbuch, die Arbeit in den EP-Ausschüssen, http://www.europa-digital.de/dschungelbuch/top3/parlament/ausscharbeit.shtml, vom 16.01.2007, Stand der Abfrage: 24.07.2012

*Hobbe, Stephan* — Europarecht, 6. Auflage, Köln 2011

*Kallas, Siim* — Schreiben an Herrn Brian Simpson vom 13.06.2012, Europäische Kommission, http://ec.europa.eu/transport/road/doc/2012-06-13-kallas-reply-to-simpson.pdf, Stand der Abfrage: 24.07.2012

| | |
|---|---|
| *Kunzmann, Bernd* | Europa 2011, Im zweiten Jahr nach dem Vertrag von Lissabon, Berlin 2011 |
| Öffentliches Rechts (ÖffR) | idF vom 01.08.2010 dtv, Beck (EUV 16 S. 589, ) und (AEUV 17 S. 639) in der Fassung der des Vertrages von Lissabon vom 13.12.2007 |
| *Verkehrsrundschau/ Das Portal für Spedition, Transport und Logistik* | Transport + Logistik, Kallas zieht die Entscheidung zu Eurocombi zurück, http://www.verkehrsrundschau.de/kallas-zieht-entscheidung-zu-eurocombi-zurueck-1100898.html, vom 29.02.2012, Stand der Abfrage: 24.07.2012 |